서문

"요즘 어떻게 사세요?"

길을 지나가는 사람들에게 던진 질문입니다.

가장 많이 나온 대답은 "그럭저럭", 두 번째는 "마지못해", 세 번째는 "죽지 못해 삽니다" 였습니다.

그런데 많은 사람은 아니지만 "저는 요즘 살맛이 납니다" 라고 대답을 합니다. 이렇게 말한 사람들을 찾아 어떻게 이런 대답을 할수 있었는가를 살펴보니 공통점이 하나 발견 되었는데 그 사람들은 모두 사랑에 빠져 있었다는 것입니다.

그렇습니다 사랑을 하는 것은 그야 말로 살맛이 나는 것입니다.

자녀를 기르는 부모님들에게 "요즘 어떻게 사세요?" 라고 물으면 어떻게 대답을 할까요?

"저는 요즘 아이들 사랑 때문에 살맛이 납니다" 라고 말하지 않을 것입니다. 그 말은 갓난 아기때나 열심히 했을 말이고 대 부분의 부모님들은 지금은 "아이들 때문에 살맛이 안납니다"라고 힘듦을 이야기 할 것입니다. 결국 가장 사랑해야 할 아이들로 인해 가장 힘들어 하는 엄마 아빠들이 되어 가고 있을 수 있다는 것입니다.

저는 부모들을 다시 살맛나는 엄마 아빠가 될 것을 제안 하고 싶습니다.
그래서 가장 먼저 이것을 회복하기를 바라며 이책을 만들었습니다.

"공부하는 엄마 아빠!"

아이들에게 엄마 아빠는 일하는 사람, 잔소리 꾼, 비교쟁이, 때로는 엄하고 무서운 분으로 사춘기를 지나면서는 각인될 수 있을 때 부모들이 이 소리를 듣는다는 것을 얼마나 아름다움일까요?

이 학습용 교재(워크북)는 부모님이 스스로 "엄마아빠, 저좀 잘 키워주세요!" 책을 참고서 삼아 공부하거나, 지도자의 강의를 들으며 생각을 정리하게 하는 교재입니다.

시간이 부족한 부모님들이 밖으로 나갈 수 없기에 자녀들이 공부하는 시간에 옆에 앉아 스스로 공부할 수 있도록 만든 지혜서 일 수 있습니다. 책을 읽으며 답을 쓰면서 부모님 자신이 행복해짐으로 인해 자녀를 행복하게 기를 수 있도록 하기 위함입니다. 그래서 모두가 함께 고민하고 도전 받는 주제들을 선정하였다.

모쪼록 이 학습용 교재가 부모님들을 성장시키고 자녀를 아름답게 키우고 행복한 믿음의 명문 가정을 이루는 소중한 지침서가 되기를 기대하며 기도 합니다.

정삼숙

(해피맘 네트워크 대표)
happymom24@naver.com

차례

서문 "요즘 어떻게 사세요?" ... 3

1. 소통 ... 7

2. 갈등 ... 13

3. 관계 ... 19

4. 기도 ... 25

5. 상처 ... 31

6. 분노 ... 37

7. 용서 ... 43

8. 순종 ... 49

9. 습관 ... 55

10. 비전 ... 61

11. 동행 ... 67

12. 낙심 ... 73

소통

잠언 15장 5절은 "아비의 훈계를 업신여기는 자는 미련한 자요 경계를 받는 자는 슬기를 얻을 자니라"라고 말씀하고 있습니다. 결국 자녀들이 부모의 말을 지혜롭게 받을 수 있게 하는 소통의 기술이 있다면 그것은 우리 가정뿐 아니라 자녀를 위한 매우 중요한 일이 되기도 합니다. 자녀들이 하나님의 말씀을 따라 부모와 소통하고 진리를 아는 것이 자신의 미래를 여는 복된 길임을 알게 해야 합니다.

소통지수 체크 리스트

아래 질문에 「매우 그렇다」면 (   )안에 10을, 「매우 그렇지 않다」면 0을 표시하되, 그 사이는 본인이 적당한 점수를 쓰십시오.

01	하루 중 가족이 다 같이 식사를 하는 시간이 있다.	
02	한달에 2,3번 온 가족이 함께 하는 일정이 있다.	
03	자녀의 꿈과 진로가 무엇인지 상세히 알고 있다.	
04	자녀와의 대화가 편하고 길게 이어지는 편이다.	
05	자녀가 돌발행동으로 문제를 일으킨 적이 없다.	
06	자녀가 학교생활에 대한 이야기를 스스럼없이 한다.	
07	자녀의 사생활을 존중해주는 편이다.	
08	자녀 앞에서 부부간의 소통의 모습을 보여주는 편이다.	
09	자녀와의 대화중에 언성을 높이지 않으려고 노력한다.	
10	자녀의 생각이 타당하면 내 생각을 바꾸기도 한다.	
※ 위에 기록한 점수를 합산하십시오. 그 점수가 소통지수(%)일 수 있으나, 정확한 것은 아니니 참고만 해 주십시오.		

가정문제 전문가인 미국 네브라스카 주립대학의 스티네트 박사는 현대 미국가정의 문제점들을 분석 연구해 **건강한 가정의 6가지 특징**을 다음과 같이 정리해 발표했습니다.

1. 가족들이 서로에게 고마움과 감사를 (　　) 표현한다.
   〈우리집은?　　　　　　　　　　　　　　　　　　　　〉

2. 서로를 위한 적당한 (　　)을 개의치 않는다.
   〈우리집은?　　　　　　　　　　　　　　　　　　　　〉

3. 사소한 일도 의견을 교환하는 잦은 (　　)가 있다.
   〈우리집은?　　　　　　　　　　　　　　　　　　　　〉

4. 가족단위의 잦은 여행과 (　　)이 있다.
   〈우리집은?　　　　　　　　　　　　　　　　　　　　〉

5. 종교적 공감대가 있고 이타적인 정신을 (　　)한다.
   〈우리집은?　　　　　　　　　　　　　　　　　　　　〉

6. 집안이 어려운 상황에 처해도 (　　)하지 않는다.
   〈우리집은?　　　　　　　　　　　　　　　　　　　　〉

위 조건을 살펴보면 결국 건강하고 행복한 가정의 중요한 요소는 소통이라는 걸 알 수 있습니다.

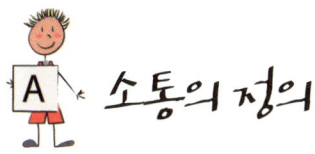
A. 소통의 정의

소통(疏通)은 한자어 그대로 풀이를 하면 '막히는 게 없이 잘 통함', '뜻이 통해 오해가 없음'이라는 뜻입니다.

소통은 일방통행이 아닌 양방통행이며, 명령이 아닌 대화와 경청이라는 것입니다. 소통의 영어단어인 'Communication'의 'Com'은 '함께'라는 뜻입니다. 소통의 시작은 '부모'가 아닌 '부모와 자녀'에서 시작된다는 것을 깨닫는 것이 바른 소통의 첫걸음입니다.

B. 소통의 부재의 유형과 원인

소통의 부재는 크게 다음의 세 가지 유형으로 나타납니다.

1. 단절

2. 명령

3. 공감의 부재

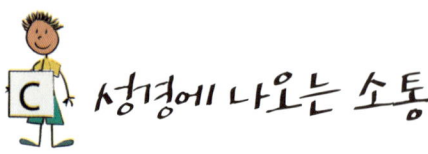 성경에 나오는 소통

1. 이삭

2. 가인과 아벨

3. 사무엘

4. 디모데

하나님과도 사람들과도 바르게 소통하는 사람, 그리고 그렇지 못한 사람의 차이는 이처럼 극명하게 나타납니다. 그렇기에 (　　) 소통은 부모와 자녀의 관계뿐 아니라 (　　)을 위해서도 반드시 필요합니다.

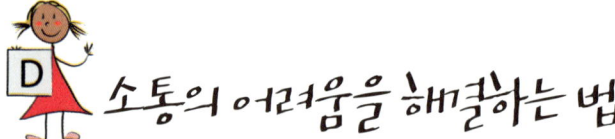 소통의 어려움을 해결하는 법

부모와 자녀의 원활한 소통은 마음만으로 되는 것이 아니라 다음과 같은 몇 가지 기술이 필요합니다.

1. (　　)가 먼저 소통을 하라.

2. 자녀들이 가장 존경하는 사람이 (   )가 되도록 하라.

3. 자녀의 입장에서 인내하고 (   ) 기다려라.

4. (   )주의에서 벗어나라.

5. (   )예배를 드려라.

소통은 결코 일방통행으로는 일어날 수 없습니다. 우리의 자녀들에게 자존감을 심어주고 자신들이 인정받고 있음을 느낄 수 있도록 하는 지혜로운 대화를 통해 먼저 소통의 첫 발걸음을 떼십시오.

"생명의 경계를 듣는 귀는 지혜로운 자 가운데에 있느니라"(잠언 15:31)

함께 나누기

다음의 질문을 함께 나눠 보십시오.

❶ 지금 자녀와 소통의 상태는 어떤가요?

❷ 자녀와의 소통을 위해 어떤 노력을 합니까?

❸ 자녀와 소통이 안되는 가장 큰 원인은 무엇입니까?

❹ 잘못된 소통을 바로 잡기 위해서 좋은 방법은 무엇일까요?

❺ 자녀의 연령대에 따라 소통의 방법도 달라져야 할까요?

 아래에 이과를 마치면서 받은 은혜나 감사, 결심, 또는 주님께 드리는 기도문을 적으십시오.

갈등 2

아무리 사소한 갈등이라도 한 번에 해결할 수는 없습니다. 갈등의 문제를 푸는 것은 답이 정해져 있는 수학공식일 수 없습니다. 얽힌 칡넝쿨, 등나무를 푸는 것이 쉽지 않은 것처럼 우리의 노력이 정말 많이 필요한 것이 이 갈등을 극복하는 것입니다. 오랜 시간을 지내온 자녀와 부모의 변화를 통해 그리고 노력과 기도를 통해서 해결할 수 있습니다. 지금껏 경험을 해봤던 갈등의 사례, 그리고 해결을 했던 효과적인 방법에 대해서 서로 나누고 공유하는 시간이 필요합니다.

자녀와 갈등지수 체크 리스트

아래 질문에 「매우 그렇다」면 ( )안에 10을, 「매우 그렇지 않다」면 0을 표시하되, 그 사이는 본인이 적당한 점수를 쓰십시오.

01	매일 수차례 의견 충돌이 있다.	
02	자녀가 나의 마음을 잘 몰라준다고 생각한다.	
03	자녀도 내가 자기 마음을 몰라준다고 생각한다.	
04	배우자와의 의견 충돌이 잦은 편이다.	
05	나의 말투는 약간 공격적이다.	
06	내 말이 나의 의도와 다르게 오해를 일으킨 적이 있다.	
07	갈등이 생겨도 명확한 방법으로 해결을 하지 않는다.	
08	그동안 갈등으로 쌓인 앙금이 아직도 남아있다.	
09	사람들이 보는 앞에서도 자녀와 종종 다툰다.	
10	의견을 조율하기 보다는 권위를 내세워 해결하는 편이다.	
※ 위에 기록한 점수를 합산하십시오. 그 점수가 갈등지수(%)일 수 있으나, 정확한 것은 아니니 참고만 해 주십시오.		

미국의 심리학자 쿠르트 레빈은 **모든 갈등**은 다음의 세 가지 범주로 구분된다고 주장했습니다.

1. (   )과 접근의 갈등
두 사람이 있다고 가정하면 서로 하고 싶은 일이 다르기 때문에 생기는 갈등입니다.
2. (   )와 회피의 갈등
서로 피하고 싶은 일이 다르기 때문에 생기는 갈등입니다.
3. (   )과 회피의 갈등
어떤 일의 장단점을 두고 서로 대립하는 갈등입니다.

현대사회에서는 이 갈등의 범주를 조금 더 세분화시켜서 4가지로 '다름의 충돌, 구조의 충돌, 이해관계의 충돌, 해석의 충돌'로 구분하기도 합니다.

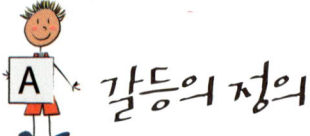
갈등의 정의

본래 이 갈등이라는 말은 심리학적인 용어로 사전에는 "정신생활을 혼란하게 하고 내적, 외적 조화를 파괴한다"라고 나와 있을 정도로 좋지 않은 현상입니다.
일반적인 갈등상태는 두 가지 이상의 상반된 경향이 동시에 존재하기 때문에 최종 의견을 조율하기까지의 행동적, 감정적 마찰이 생깁니다. 그러나 반대로 제대로 극복만 된다면 갈등이 해소되는 과정에서 서로에 대해서 더 잘 알게 되고 올바른 소통의 방법을 깨닫게 되는 긍정적 효과가 있기 때문에 아무리 자녀들이 문제아에 꼴통이라 포기하고 싶은 생각이 들지라도 결코 마음을 약하게 먹어서는 안 됩니다.

갈등이란 어렵다고, 자녀를 대하기가 어렵다고, 혹은 내 마음이 너무 힘들다고 해서 피해야 할 것이 아니라 어떻게든 지혜롭게 극복하고자 하는 방향으로 해결해야 합니다.

 **갈등의 유형과 원인**

모든 갈등이란 결국 '서로 다른 의견의 차이'로 정리할 수 있습니다. 자녀와의 갈등을 제대로 해결하기 위해서는 먼저 부모가 이겨내야 할 갈등이 몇 가지가 있습니다.

1. (　　) 내면의 갈등

2. (　　)와 자녀의 갈등

3. (　　)사이의 갈등

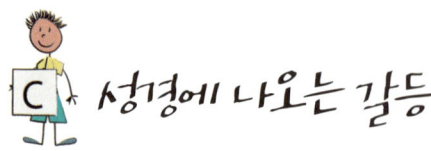 성경에 나오는 갈등

1. 아브라함과 롯의 갈등

2. 야곱과 에서의 갈등

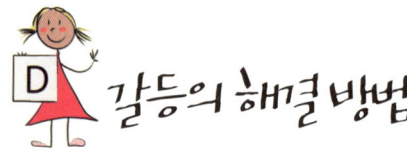 갈등의 해결 방법

갈등이라는 것은 결국 서로 다른 생각, 서로 다른 마음에서 시작되는 것이며 그것을 하나로 모으고 섞는 과정이 결국 갈등해결의 근본 원리임을 먼저 깨닫고 다음의 원리를 적용해야 합니다.

1. 분명한 (　　)을 세우고 선택을 하라

2. 만남의 자리를 만들고 (　　)하라

3. 인내함으로 (　　)을 전달하라

처음 자녀가 태어났을 때를 떠올려보십시오. 정말 내 모든 걸 내어줘도 아깝지 않을 만큼 생명처럼 귀한 자녀였을 것입니다. 그러나 그 마음이 너무 크고 또 잘못된 방향으로 나갈 때 갈등이 생기게 됩니다. 그러나 그 갈등을 넘어야 합니다. 욕심보다 더 큰 인내와 기다림, 그리고 사랑과 말씀으로 자녀를 위해 노력할 때 자녀와의 갈등도 해결이 됩니다.

"미움은 다툼을 일으켜도 사랑은 모든 허물을 가리느니라"(잠언10:12)

함께 나누기

다음의 질문을 함께 나눠 보십시오.

❶ 자녀와 주로 갈등을 일으키는 문제는 무엇입니까?

❷ 갈등이 생길 때 주로 어떤 방법으로 해결하십니까?

❸ 갈등을 묻어두는 것은 어떤 이유 때문입니까?

❹ 갈등의 책임은 주로 누구에게 있다고 생각하십니까?

❺ 지금 자녀와 갈등을 겪고 있다면 어떤 문제입니까?

 아래에 이과를 마치면서 받은 은혜나 감사, 결심, 또는 주님께 드리는 기도문을 적으십시오.

관계 3

"밥을 사는 건 단순히 밥이 아닌 사람의 마음을 사는 것이다"라는 말이 있듯이 나보다 남을 위하며 필요한 사람에게 도움을 주는 진짜 투자를 통해 관계를 형성해 나가도록 도우십시오. 이런 투자와 노력으로 쌓인 관계가 나중에 내가 진짜 힘들 때 도와주는 에너지이자 버팀목이 되는 소중한 진짜 관계입니다.

관계지수 체크리스트

아래 질문에 「매우 그렇다」면 ( )안에 10을, 「매우 그렇지 않다」면 0을 표시하되, 그 사이는 본인이 적당한 점수를 쓰십시오.

01	항상 아이의 주변으로 친구들이 모이는 편이다.	
02	적어도 친구 문제로 괴롭힘이나 따돌림을 당한 적은 없다.	
03	친구들과 약속을 잡고 1주일에 2회 이상 나가 논다.	
04	아이가 컴퓨터를 하는 것보다 친구와 노는 것을 더 좋아한다.	
05	옛 친구들과 지금도 연락을 하는 편이다.	
06	관계의 중요성에 대해서 아이에게 늘 말해준다.	
07	관계의 중요성을 나 역시 알고 있다.	
08	처음 보는 사람과도 어렵지 않게 대화를 이어나간다.	
09	나와 배우자도 대인관계가 좋다.	
10	어른들과 선생님들에게도 대체로 칭찬을 듣는다.	
※ 위에 기록한 점수를 합산하십시오. 그 점수가 관계지수(%)일 수 있으나, 정확한 것은 아니니 참고만 해 주십시오.		

한 때는 지능지수를 나타내는 I.Q.가 성공의 척도라고 여겨졌으나 시대가 흐르면서 지능보다도 감성이 중요한 E.Q.의 시대가 새로 열렸고 이제 많은 교육학자들과 성공학자들은 성공에 정말 중요한 것은 (   ) 지수인 N.Q.(Network quotient)라고 말하고 있습니다. 요즘 카톡이나 메세지, 트위터, 페이스북… 등으로 SNS를 **잘 사용하면** 관계 형성에 큰 도움을 줍니다.(잘 못 사용하면 문제지만)

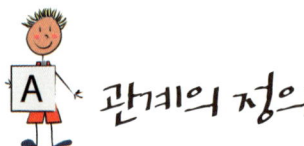 관계의 정의

사람을 나타내는 한자어 '인간(人間)'의 어원을 보면 '사람 인'에 '사이 간', 즉 사람과 (   ) 사이를 나타내는 뜻입니다. 결국 다른 사람과 함께 할 때만 인간이 인간답게 된다는 뜻입니다. 또 '빗장이 걸려있다'는 관계 한자어 '關契'는 이 사람과 저 사람 사이가 그만큼 돈독하고 올바르게 형성되어 있다는 뜻이기 때문에 인간관계의 뜻만 제대로 살펴도 관계가 얼마나 중요한 지 알 수 있습니다.

미국의 공대 명문인 카네기멜론대학교에서 자기학교 공대 졸업생을 수십년간 추적해서 성공의 조건에 대해서 조사를 한 적이 있었는데 좋은 성적과 기술은 (   )%밖에 영향을 주지 못했습니다.
반면에 성공한 사람들의 나머지 (   )% 비결은 탁월한 인간관계였습니다.
그리고 이처럼 인간관계를 잘하는 사람들의 특징은 직접적인 만남

뿐 아니라 메일이나 전화와 같은 간접적인 만남같은 같은 다양한 방법을 사용해 사람들과의 관계를 소중히 여기고 좋게 가꾸는 일을 잘한다는 것이었습니다.

관계의 유형과 원인

어떤 생명이든 세상에 태어남과 동시에 부모와 자녀라는 관계를 통해 삶을 시작합니다. 그리고 하루하루가 자랄수록 점점 셀 수 없을 정도로 많은 사람들과의 관계를 통해 삶을 구성하고 살아나가게 됩니다.

성경은 관계의 중요성에 대해서 다음과 같이 말하고 있습니다.
"한 사람이면 패하겠거니와 두 사람이면 맞설 수 있나니 세 겹 줄은 쉽게 끊어지지 아니하느니라"(전도서 4:12)

관계에도 먼저 신경 써야 할 우선순위가 있습니다.

1. (   )과의 관계

2. (   )들과의 관계

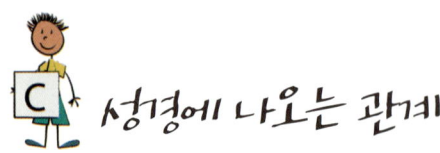
성경에 나오는 관계

1. 다윗과 요나단

2. 바나바와 바울

올바른 관계를 형성하는 방법

지금 우리 자녀가 하나님과, 또 친구들과 올바른 관계를 맺고 있는지 확인을 하고 그럴 수 있는 상황을 조성해주고 가르치는 것이 매우 중요합니다. 그렇기 위해서는 먼저 (　　)과의 관계부터 바르게 세우기 위해 노력을 해야 합니다.

1. 하나님과의 관계를 (　　)하게 만들어라

다음은 정삼숙 사모가 자녀들을 교육하며 신경 썼던 다섯 가지입니다.

1-1) (　　)적인 분위기 만들기

1-2) (　　)의 삶을 가르치기

1-3) (　　)으로 무장하게 하기

1-4) 세상을 이기는 (　　)을 갖게 하기

1-5) 하나님을 경외하는 (　　)을 하게 하기(예배, 드림,..)

2. 자녀에게 (　　)을 허락하라

3. (　　)를 형성하는 법을 가르치라

관계는 하루아침에 생기는 것도 아니며 생길 수도 없는 것이기 때문에 부모와 자녀의 관계부터 생각해봐야 합니다. 그리고도 자녀의 올바른 관계 형성을 위해서는 지속적인 관심과 격려, 그리고 기도와 노력이 필요합니다. 나를 위해 다른 사람을 이용하려는 이기적인 만남은 제대로 이루어질 수도 없고 유지될 수도 없습니다.

"너희를 불러 그의 아들 예수 그리스도 우리 주와 더불어 교제하게 하시는 하나님은 미쁘시도다"(고린도전서 1:9)

함께 나누기

다음의 질문을 함께 나눠 보십시오.

❶ 왜 성적보다도 관계가 성공에 중요한 영향을 미칠까요?

❷ 성적과 관계 중에 어느 것을 더 중요하게 여기고 있나요?

❸ 관계맺는 능력을 키우기 위해 어떤 도움을 줄 수 있나요?

❹ 자녀가 성장한 미래 시대에도 여전히 관계가 중요할까요?

❺ 개인적인 경험으로 관계의 중요도는 얼만큼인가요?

 아래에 이과를 마치면서 받은 은혜나 감사, 결심, 또는 주님께 드리는 기도문을 적으십시오.

기도

　기도는 누구에게 공치사 할 일도 아니고 자랑할 일은 더더욱 아닌 나와의 영적 싸움입니다. 기도하는 엄마, 아빠가 된다는 것은 자녀에게는 엄청난 응원군이 되는 것이고 하나님의 명품을 만드는 길이 됩니다. 또한 이런 엄마 밑에서 보고 자란 자녀는 자연스럽게 기도의 사람으로 성장합니다. 하나님이 솔로몬을 버리려하다가도 "그 아비 다윗 때문에 내가 그를 버리지 않겠다"고 말씀하신 것은 기도가 그만큼 중요하기 때문입니다.

기도지수 체크 리스트

아래 질문에 「매우 그렇다」면 ( )안에 10을, 「매우 그렇지 않다」면 0을 표시하되, 그 사이는 본인이 적당한 점수를 쓰십시오.

01	하루에 정기적으로 기도하는 시간이 있다.	
02	식사 기도는 절대로 빼먹지 않는다.	
03	지속적으로 기도하는 제목이 있다.	
04	기도 노트를 가지고 있다.	
05	다른 사람을 위해 기도를 하고 있다.	
06	온 가족이 기도 제목을 공유하고 있다.	
07	온 가족이 함께 모여 기도하는 시간이 있다.	
08	무슨 일이 있을 때 기도부터 시작하는 편이다.	
09	간구하는 기도만큼 듣는 기도를 열심히 한다.	
10	기도는 하나님과의 대화라고 정말로 생각한다.	
	※ 위에 기록한 점수를 합산하십시오. 그 점수가 기도지수(%)일 수 있으나, 정확한 것은 아니니 참고만 해 주십시오.	

기도는 자녀의 (   )를 위한 귀한 에너지이며 좋은 열매를 맺게 해주는 유일한 자양분입니다. 그러므로 더욱 귀한 명품으로 쓰임 받는 자녀로 키우고 싶다면 더욱 열심히 (   )해야만 합니다. 물론 자녀를 위해 기도를 안 하는 부모가 어디 있겠습니까만은 그래도 더욱 결심하고 실천해야 합니다. 세상적인 환경의 불리함을 뛰어넘을 수 있는 유일한 방법은 자녀를 향한 (   )의 (   )이기 때문입니다.

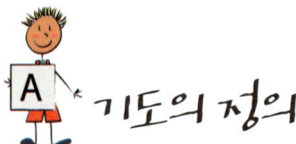
기도의 정의

기도의 문자적 의미는 '간청하다, 요청하다, 구걸하다'라는 뜻입니다. 사전은 그 대상을 '인간보다 능력이 뛰어난 (   )적 존재'라고 규정을 하고 있는데, 바로 하나님이 그 대상입니다.

기도는 (   )의 호흡과 같은 것입니다.
호흡이 힘들고 뭔가 어려움을 느끼기 시작하면 그만큼 몸에는 이상이 생겼다는 뜻입니다. 말씀은 양식이고 기도는 호흡입니다. 말씀이 중요한만큼 기도도 중요합니다. 기도는 호흡이기에 호흡이 힘들어지면 생명이 위독해집니다.

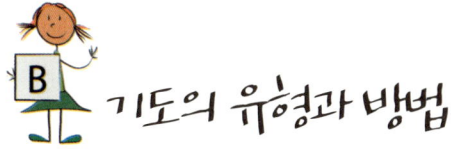
기도의 유형과 방법

일단은 기도의 문자적인 의미에 대해서 조금 살펴보겠습니다.

성경에 나오는 기도는 라틴어 '프레카리'라는 말에서 나왔는데, 우리가 흔히 아는 기도의 일반적인 뜻인 '간구하는 것, 구하는 것'이라는 뜻을 갖고 있습니다.

기도의 가장 큰 목적은 간구, 응답, 이적 체험보다도 하나님과의 연합을 체험하는 것입니다.

신학자 조지 버트릭은 "참된 기도는 신앙을 바탕으로 하며, 주술적인 성향을 나타내기보다 (   )의 뜻과 목적에 부합한다"는 말을 했습니다.

그는 말씀을 연구해 **기도에 필요한 다섯 가지 단계**를 만들었는데, 다음 단계를 참고하면 방향을 잃지 않는 기도생활을 이어나가는 데에 큰 도움이 됩니다.

① (   )의 단계

② (   )의 단계

③ (   )의 단계

④ (   )의 단계

⑤ (   )의 단계

 **성경에 나오는 기도**

1. 다니엘

2. 느헤미야

3. 예수님

"이르시되 기도 외에 다른 것으로는 이런 종류가 나갈 수 없느니라 하시니라"(마가복음 9:29)

 **기도의 습관을 들이는 방법**

"너희 염려를 다 주께 맡기라 이는 그가 너희를 돌보심이라"(베드로전서 5:7)

1. (　　)하게 해야 합니다.

1-1) 기도는 하나님께 나의 모든 것을 속 시원하게 (　　)하는 것입

니다.(잠언 15:8)
1-2) 기도는 (   )처럼 그냥 말하는 것입니다.(마태복음 6:5)

※진실한 기도를 위해서 자녀들에게 다음의 세 가지 방법을 알려주십시오.
❶ 지금 나의 (   )을 고백하라
❷ 마음의 (   )까지도 고백하라
❸ 무엇보다도 (   )하게 고백하라

2. (   )을 세워 끈질기게 해야 합니다.

3. 부모가 직접 (   )을 보여야 합니다.

자녀를 위해 기도하는 엄마, 아빠가 있는 한 그 자녀는 결코 망하지 않습니다. 왜냐면 하나님이 그 기도를 들으시고 지켜주시기 때문입니다.
자녀가 지금 어떤 상황이라도, 당신이 기도하는 한 당신의 자녀는 잘 될것을 믿으십시오.
"너희가 기도할 때에 무엇이든지 믿고 구하는 것은 다 받으리라 하시니라"(마태복음 21:22)

함께 나누기

다음의 질문을 함께 나눠 보십시오.

❶ 기도를 중요하게 생각하는 만큼 기도하고 있습니까?

❷ 기도의 본래 목적은 무엇이라고 생각하십니까?

❸ 응답받은 기도들에 대해서 서로 나누십시오.

❹ 기도가 응답받지 못했을 때는 어떻게 받아들입니까?

❺ 자녀와 함께 기도하는 시간을 어떻게 만들겠습니까?

 아래에 이과를 마치면서 받은 은혜나 감사, 결심, 또는 주님께 드리는 기도문을 적으십시오.

상처

5

　모든 사람들은 개인적인 경험과 목격으로 인생에는 수많은 상처가 있음을 알고 치유에 대한 이론적인 방법들이 무엇인지를 알고 있습니다. 그러나 진정 우리의 상처를 치유하고 새롭게 살게 하는 분은 오직 하나님 한분입니다. 우리의 상처를 믿음으로 치유하면 영원한 치유가 됩니다. 약이 떨어지면 다시 도지는 치유는 치유가 아니기 때문입니다. 아름다운 마음 곧 상처 없는 마음으로 우리의 자녀를 기르는 것은 상처 없이 자라는 아이를 만드는 것입니다.

마음의 상처지수 체크리스트

아래 질문에 「매우 그렇다」면 (　)안에 10을, 「매우 그렇지 않다」면 0을 표시하되, 그 사이는 본인이 적당한 점수를 쓰십시오.

01	자녀의 모습에서 어린 시절 나의 모습이 보인다.	
02	문득 과거의 일들로 기분이 언짢을 때가 있다.	
03	과거의 경험으로 인해 트라우마를 겪고 있다.	
04	특정 상황에 대해서 필요 이상으로 민감하게 반응한다.	
05	때로는 나 자신의 행동이 이해가 안 될 때가 있다.	
06	다른 사람에게 나의 속마음을 털어놓기가 꺼려진다.	
07	가끔씩 전문가에게 상담을 받고 싶을 때가 있다.	
08	완벽한 모습을 위해 나의 약점이나 부끄러움을 숨긴 적이 있다.	
09	누구나 마음의 상처를 가지고 살아가는 것이라고 생각한다.	
10	부모님과의 관계가 별로 좋지 않았다.	
※ 위에 기록한 점수를 합산하십시오. 그 점수가 상처지수(%)일 수 있으나, 정확한 것은 아니니 참고만 해 주십시오.		

마음의 상처는 나의 의지와 상관없이 일어나는 일들 때문에 받게 됩니다. 그러나 반대로 그 상처를 치유할 수 있는 것은 스스로의 의지입니다. 또한 그 의지를 부모가 대신할 수 있습니다. 부모를 통해 마음의 상처를 이길 힘을 얻은 자녀들은 마음의 상처를 이겨내는 방법 역시 배워갑니다.

 마음의 상처의 정의

교육학자인 폴 우드와 버나드 슈월츠 박사에 따르면 아이들은 말도 못하는 2살 때부터 부모와 다른 사람들이 자기를 대하는 말이나 행동을 민감하게 파악하며 상처를 받거나 안정을 찾는다고 합니다.

그렇기에 특히나 사춘기의 민감한 자녀를 둔 부모들은 더더욱 조심해야 합니다.

상처라는 영어단어 'SCAR'에서 C하나만 T로 바꿔도 'STAR'가 됩니다.

하늘의 별이 빛나는 것은 밤이 어둡기 때문입니다. 마음의 상처를 제대로 극복할 때 저 하늘의 별과 같이 세상에서 빛나는 인생을 살아가게 됩니다. 그런 자녀를 만들기 위해서 부모가 먼저 마음의 상처를 (   ) 하는 법을 알아야 합니다.

※한나의 경우

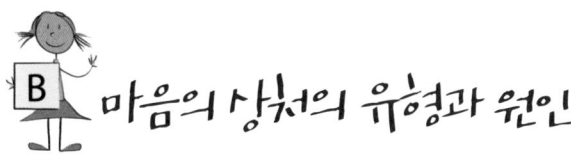

마음의 상처의 유형과 원인

잠언 17장 22절에서 이런 말씀이 나옵니다.

"마음의 즐거움은 양약이라도 심령의 근심은 뼈를 마르게 하느니라"

여기서 심령의 근심이 곧 마음의 상처를 말합니다. 뼈를 마르게 할만큼 고통스러운 것이 마음의 상처입니다.

마음에 남는 상처의 유형은 과거와 현재 시제로 구분됩니다.

1. 과거

1-1) (   )나 가정으로부터 받은 상처

1-2) (   )나 환경의 변화로부터 받은 상처

1-3) 잘못이나 (   )로 인해 각인된 상처

2. 현재

2-1) 부모나 (   )으로부터의 상처

2-2) 건강이나 신체의 변화가 주는 상처

 성경에 나오는 마음에 상처받은 사람들

1. 사울왕

2. 삭개오

3. 사르밧 과부

4. 바울과 바나바

5. 바울과 베드로

 마음의 상처를 해결하는 법

자녀의 상처를 치유하기 위해서는 먼저 부모가 능동적으로 대처하며 다가가는 것이 중요합니다.

1. 마음으로 (   )를 향해 다가가기

2. 부모의 (   )으로 끌어안기

3. (   )께 마음을 내어놓기

4. 과거의 아픈 기억을 아름다운 (   )로 바꾸기

마음의 상처를 치유하는 것은 단지 상처 이전의 나로 회복되는 과정이 아니라 상처 이전의 나보다 훨씬 강하고 귀한 존재로의 발전입니다. 고린도후서 5장 17절 말씀처럼 그리스도의 사랑으로 모든 상처와 아픔이 회복되고 하나님이 창조하신 귀한 존재로 자신이 변화되고 자녀를 변화시켜야 합니다.

"그런즉 누구든지 그리스도 안에 있으면 새로운 피조물이라 이전 것은 지나갔으니 보라 새 것이 되었도다"(고린도후서 5:17)

함께 나누기

다음의 질문을 함께 나눠 보십시오.

❶ 마음의 상처가 극복되었다는 걸 어떻게 알 수 있을까요?
❷ 자녀의 마음의 상처에 대해서 어느 정도 알고 있습니까?
❸ 부모의 마음의 상처에 대해서는 어느 정도 알고 있습니까?
❹ 마음의 상처를 공유하는 일이 어려운 이유는 뭐죠?
❺ 어떤 방법으로 마음의 상처를 치유할 수 있을까요?

 아래에 이과를 마치면서 받은 은혜나 감사, 결심, 또는 주님께 드리는 기도문을 적으십시오.

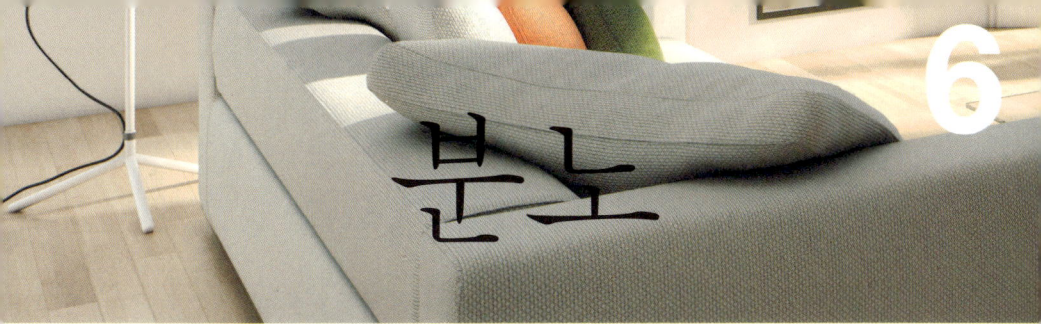

분노의 감정은 인간이 다스리기 가장 어려운 것이기는 하지만 그것을 다스리지 않으면 모든 것이 파괴된다는 것도 알아야 합니다. 그래서 자녀를 기르는 엄마에게 너무도 필요한 것은 하나님 안에서 모든 문제를 풀고 눈물의 기도로 분노를 다스리는 모든 노력을 동원하는 것입니다.

분노지수 체크리스트

아래 질문에 「매우 그렇다」면 ( )안에 10을, 「매우 그렇지 않다」면 0을 표시하되, 그 사이는 본인이 적당한 점수를 쓰십시오.

01	성격이 급하고 자주 흥분한다.	
02	일이 잘 안풀리면 금방 포기한다.	
03	자녀가 실수를 하면 너무 화가 난다.	
04	시킨 일을 한 번만 어겨도 자녀에게 화를 낸다.	
05	내 잘못을 남의 탓으로 돌린 적이 자주 있다.	
06	내 잘못을 지적하면 더 화를 낸다.	
07	분노의 감정을 제대로 해소하는 방법이 없다.	
08	분노 때문에 인간관계를 망친 적이 있다.	
09	분노를 못 이겨 자녀를 때린 적이 있다.	
10	나도 모르게 욕을 하거나 물건을 집어 던진적이 있다.	

※ 위에 기록한 점수를 합산하십시오. 그 점수가 분노지수(%)일 수 있으나, 정확한 것은 아니니 참고만 해 주십시오.

하버드 대학교의 월터 캐넌 박사는 **분노의 감정을 가질 때 사람의 몸에 어떤 변화가 일어났는지**에 대하여 연구했는데 그 결과가 다음과 같았습니다.

1. (   )이 거칠어짐.
2. 심장박동이 빨라져 (   )이 올라감.
3. 소화기관의 (   )이 정지됨.
4. 간에 저장된 당분이 분배돼 (   )이 높아짐.
5. 비장이 수축하고 (   )들이 굳음.
6. 아드레날린이 과도하게 (   ) 속에 분비됨.

박사의 연구결과에 따르면 분노의 감정이 우리 몸에 좋게 작용하는 것은 단 한 가지도 없었습니다.

그러나 우리는 부모 자식 간에도 매일 같이 몇 번이고 분노의 감정을 느끼고 또 서로에게 쏟아내며 살아가고 있습니다.

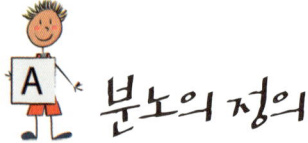
분노의 정의

분노는 화를 내는 감정의 가장 격한 상태입니다.

영어 단어에도 가장 격한 분노의 상태를 표현한 것은 'Anger'입니다. 그런데 이 단어는 괴로움을 뜻하는 'Anguish'와 같은 어원에서 나왔습니다. 결국 분노와 괴로움은 같은 뿌리를 가지고 있다는 뜻이며 분노를 참고 조절할 줄 아는 것은 괴로움의 뿌리를 제거하는 일이며, 분노를 다스리는 사람은 괴로움의 뿌리를 제거하는 사람입니다.

분노의 유형과 원인

분노에는 크게 다음과 같은 세 가지 유형이 있습니다.

먼저 내가 어떤 종류의 분노를 자주 내는지 아래에서 확인해 보는 것이 좋습니다.

1. (　　　) 사람에게 하는 분노

2. (　　　) 다수에게 하는 분노

3. (　　　)가 되지 않는 분노

성경에 나오는 분노

1. 에베소서 4:31

2. 시편 37:8

3. 마태복음 5:22

분노를 다스리는 방법

분노는 참는 게 아니라 다스려야 합니다. 지금 자녀를 키우는 부모들에게, 특히 엄마들에게 가장 부족한 것이 이 분노를 다스리는 것입니다.

1. 원인을 (　　)에게서 찾는다.

2. 분노에 대처하는 (　　)을 만든다.

3. (　　)으로 해석한다.

4. 분노의 (　　)을 둔다.

분노를 다스리고 또 자녀에게 가르치기 위해선 부부관계에서부터 시작해야 합니다.

다음은 부부간, 그리고 자녀간의 관계에서 분노를 다스릴 수 있는 몇 가지 실제적인 지침입니다.

1. 배우자와의 관계에서 분노를 해결하는 방법

1-1) 상대가 화가 났다면 (   )분만 피하자.

1-2) 상대가 화를 낼 때 내가 느끼는 (   )적인 감정을 솔직히 고백하자.

1-3) 자녀들 앞에서는 절대로 서로 분노를 (   )하지 말자.

1-4) 상대가 잘못했더라도 먼저 안아주고 사과해서 (   )심 보다는 미안한 감정을 갖게 만들자.

2. 자녀와의 관계에서 분노를 해결하는 방법

2-1) 마음의 분을 따라 (   )적으로 언어를 쏟아내지 마라.

2-2) 아이의 (   )을 보고 말하라(어려우면 입이라도 보라).

2-3) 나는 가르치는 (   )이 아니라 이끌어주는 엄마, 아빠임을 기억하라.

2-4) 깨달음을 주는 느낌표와 (   )있는 말을 하라.

"미련한 자는 당장 분노를 나타내거니와 슬기로운 자는 수욕을 참느니라"(잠언 12:16)

함께 나누기

다음의 질문을 함께 나눠 보십시오.

❶ 자녀들은 부모의 분노를 마주할 때 어떤 감정을 느낄까요?

❷ 분노는 자녀를 교육하는데 있어서 필요한 감정일까요?

❸ 자녀들이 분노를 조절할 수 있는 훈련은 무엇일까요?

❹ 자녀가 화를 내는 모습에서 나의 모습이 보인적은 있나요?

❺ 정말 화를 내야 할 때가 있다면 언제인가요?
　 어떤 방식으로 내야 할까요?

 아래에 이과를 마치면서 받은 은혜나 감사, 결심, 또는 주님께 드리는 기도문을 적으십시오.

용서

예수님이 용서에 대해서 우리에게 말씀하시는 것은 분명합니다. 그렇기에 진정한 용서를 자녀에게 가르치는 것은 자녀의 삶을 풍성하게 하는 힘이요 명품인생으로 인도해주는 길이 됩니다. 그리고 우리 가정의 주변의 관계까지도 평화롭게 하고 아름다운 환경으로 만들게 합니다. 그래서 용서는 인생을 가장 아름답게 가꾸는 방법입니다.

용서지수 체크리스트

아래 질문에 「매우 그렇다」면 (　)안에 10을, 「매우 그렇지 않다」면 0을 표시하되, 그 사이는 본인이 적당한 점수를 쓰십시오.

01	합당한 이유가 있음에도 분을 이겨내지 못한 적이 있다.	
02	어떤 사람을 미워해서 일이나 생활이 힘들었던 적이 있다.	
03	상대방을 미워하는 이유보다는 감정에 집중하는 편이다.	
04	가끔 남을 미워하는 이유가 나의 콤플렉스 때문인 것 같다.	
05	용서보다는 보복이 효과적일 때가 있다고 생각한다.	
06	하나님이 나를 용서해주셨다는 생각을 때때로 잊고 산다.	
07	가끔 나는 아무런 죄를 짓지 않고 산다는 느낌을 받는다.	
08	용서 했다고 해 놓고도 상대방에게 다시 화를 낸 적이 있다.	
09	지금도 심각하게 다투고 용서하지 않은 관계가 꽤 있다.	
10	성경이 말하는 용서는 현실적이지 못하다고 생각한다.	
※ 위에 기록한 점수를 합산하십시오. 그 점수가 용서지수(%)일 수 있으나, 정확한 것은 아니므로 참고만 해 주십시오.		

용서란 사람이 할 수 있는 가장 (　　) 차원의 행위입니다.

분노하고 공격적인 모습을 보이고, 심지어 똑같이 갚아준다 하더라도 해결되는 일은 아무것도 없을 것입니다. 용서는 정말 어렵고 힘든 선택이지만 또한 모든 상황에서 할 수 있는 가장 최선의 선택이 됩니다.

옳은 말과 판결이 사람을 변화시키고 바른 길을 걷게 만드는 것이 아니라 사랑과 (　　)가 우리 자녀를 변화시키고 탈선하지 않게 만듭니다.

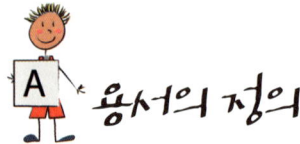 용서의 정의

용서는 나에게 죄를 짓거나 잘못한 사람들에게 벌을 주거나 꾸짖지 않고 봐주는 것을 말합니다.

「용서」의 헬라어인 '아피에에미'는 '자신을 풀어주다, 멀리 놓아주다, 자유하게 만들다'라는 뜻이 있습니다.

용서를 할 때 (　　)의 사슬을 끊을 수 있고 끝나지 않을 것 같은 고통과 괴로움의 감정을 놓아주고, 자유하게 될 수 있습니다. 용서하지 못하고 원한을 품을 때는 분노와 (　　)의 악순환이 끊임없이 반복됩니다.

「원한」의 영어 단어인 'Resentment'는 '다시 느낀다'는 어원에서 나왔습니다.

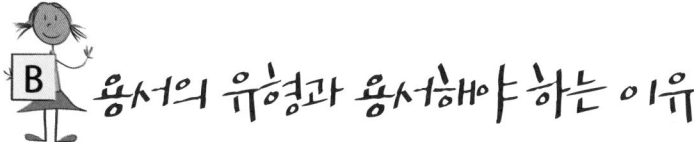

용서의 유형과 용서해야 하는 이유

용서를 하면 얻게 되는 많은 유익이 있지만 그 중에 정말로 큰 것은 용서를 받음으로 용서를 할 수 있는 사람이 됩니다.

용서에는 크게 3가지 종류가 있습니다.

1. (   ) 용서입니다.

2. (   ) 용서입니다.

3. (   ) 용서입니다.

용서의 유익은 다음과 같습니다.

1) (   )의 유익

2) (   )의 유익

또한 용서는 받는 사람과 그 용서를 목격하는 사람들에게 다음과 같은 유익을 줍니다.

1) 감사의 (　　)

2) 용서로 인한 (　　)

3) 용서의 (　　)

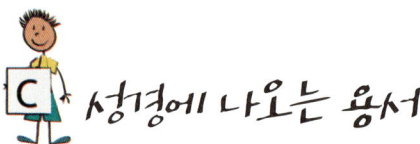

C 성경에 나오는 용서

1. 요셉

2. 요나

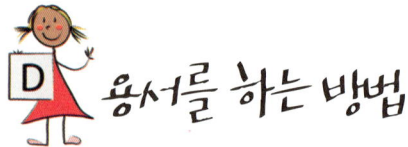

D 용서를 하는 방법

용서는 어떻게, 몇 번이나 해야할까요?

용서에 대한 문제 역시 성경에 모든 해답이 있습니다. 다음의 방법을 참고해 용서를 훈련하십시오.

1. (　　)를 세지 마라

2. 사람의 (   )를 인정하라

3. 용서하고 (   )하지 마라

4. 용서 (   )를 기록하라

"노하기를 더디 하는 것이 사람의 슬기요 허물을 용서하는 것이 자기의 영광이니라"(잠언 19:11)

함께 나누기

다음의 질문을 함께 나눠 보십시오.

❶ 용서 해본 경험이 있다면 그 후 어떤 변화가 일어났나요?
❷ 상대방과 상관없이 용서 한다는 게 정말 가능한 일일까요?
❸ 부모와 자녀 사이에 용서 원리가 원활히 작용하고 있나요?
❹ 지금도 용서하지 못한 일들은 어떤 일들인가요?
❺ 말씀과 기도를 통해 용서의 마음이 풀어질 수 있을까요?

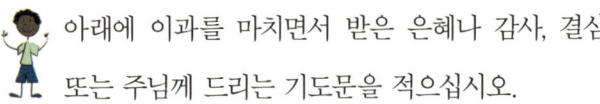 아래에 이과를 마치면서 받은 은혜나 감사, 결심, 또는 주님께 드리는 기도문을 적으십시오.

순종

8

인생은 언제나 두 가지 갈림길에서의 선택입니다. 하나님께 순종하는 사람은 룻의 길을 가는 사람이고 야곱처럼 하나님께 사랑을 받는 사람입니다. 그러나 불순종하는 사람은 롯의 길을 가는 사람이고 에서처럼 하나님을 기쁘게 하지 못하는 사람입니다. 나의 자녀가 하나님께 사랑받는 자녀가 되게 하고 싶다면 우선 순종을 가르쳐야 합니다. 예수님은 세상에서 가장 귀한 순종의 본을 보이셨습니다. 우리도 그 본을 따라 순종해야 하고 또한 자녀에게도 순종을 가르쳐야 합니다.

순종지수 체크리스트

아래 질문에 「매우 그렇다」면 ( )안에 10을, 「매우 그렇지 않다」면 0을 표시하되, 그 사이는 본인이 적당한 점수를 쓰십시오.

01	부모의 말에는 일단 순종하고자 한다.	
02	어려워도 해야되는 일에는 신경을 쓰는 편이다.	
03	성경이 말씀하는 권위에 대해서 알고 있다.	
04	나의 의지와 생각보다도 성경말씀이 옳다고 생각한다.	
05	매번은 아니지만 말씀을 따라 살려고 노력한다.	
06	자녀들에게 순종의 훈련을 시키고 있다.	
07	자녀들에게 순종의 바른 본을 보이고 있다고 생각한다.	
08	설교를 듣고 깨달은 것은 곧바로 적용한다.	
09	진정한 순종과 강요, 명령의 차이점을 알고 있다.	
10	순종의 우선순위에 대해서 제대로 알고 있다.	
	※ 위에 기록한 점수를 합산하십시오. 그 점수가 순종지수(%)일 수 있으나, 정확한 것은 아니니 참고만 해 주십시오.	

하나님이 주신 (　　)한 가능성을 지닌 보석과도 같은 우리 자녀들이지만 어른이 되기까지는 그 재능이나 은사가 무엇인지, 어떻게 발현해야 하는지에 대해서는 조금도 알지 못합니다. 그러나 부모의 올바른 지도에 따라, 또 말씀에 따라 (　　)하는 성품을 가진 자녀들은 소중한 청소년기에 하나님이 주신 달란트를 발견하고 이를 재산으로 미래의 인생을 설계할 수 있습니다.

목자의 말에 순종하는 한 마리의 양치기 개는 (　　)마리의 양을 이끕니다. 이처럼 순종할 줄 아는 한 사람의 자녀의 미래는 많은 사람에게 좋은 영향력을 미칠 리더의 가능성을 품게 됩니다.

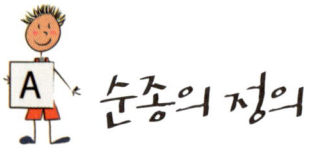
순종의 정의

순종은 어떤 일을 시키는 대로 복종하는 것을 뜻합니다.

성경이 말하는 「순종」은 '위에 하나님께 아래 있는 사람이 귀를 기울여 듣는 것'입니다. 「순종」이라는 뜻으로 사용된 원어들을 보면 헬라어 '휘파쿠어', '아쿠오', 히브리어 '쇠마' 등이 있는데 모두 '아래에', '듣다'라는 뜻이라고 합니다. 그렇기 때문에 순종을 (　　)시킨다는 것은 결국 부모의 말, 또 하나님의 말씀을 잘 듣게 만드는 것입니다.

반대로 불순종의 '파라코에'는 '옆 귀로 흘려듣다'라는 뜻으로 순종과 불순종의 차이는 결국 하나님, 그리고 위의 사람에게 얼마나 귀를 기울이며 그 뜻을 이해하는가에 달려 있습니다.

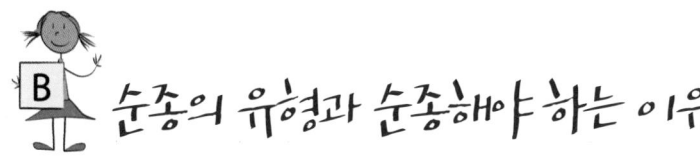

순종의 유형과 순종해야 하는 이유

하루아침에 순종을 가르칠 수는 없겠지만 그래도 부모가 (   )하지 않고 노력한다면 더 탐스럽고 많은 열매를 맺는 거목으로 자라나게 됩니다.

그럼 부모들은 자녀들에게 어떤 종류의 순종을 가르쳐야 할까요? 가장 기본적인 부모에 대한 순종 외에도 성경에는 우리가 살아가면서 순종해야 하는 대상과 방법에 대해서 자세하게 나와 있습니다.

성경이 말하는 순종에는 크게 다섯 가지 종류가 있습니다.

1. 하나님의 (   )을 따르는 순종.

2. 자녀가 (   )에게 하는 순종.

3. 제자가 (   )에게 하는 순종.

4. 국민이 (   )에게 하는 순종.

그러나 무엇보다도 가장 중요한 순종은 하나님의 말씀을 따르는 것입니다. 하나님의 말씀을 따르는 순종에 어긋나지 않는다면 나머지 순종 역시 중요한 것이며 설령 불합리한 상황에 처해 있다 하더라고 기본적인 존중과 순종을 통해 문제를 해결해나가야 합니다.

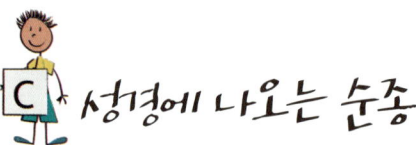
성경에 나오는 순종

성경에서 순종을 했던 사람들은 모두 하나같이 하나님을 100% 신뢰하는 믿음이 있었고 또한 비전이 있었던 사람임을 알게 됩니다.

1. 노아

2. 아브라함은

3. 나아만

4. 에스더

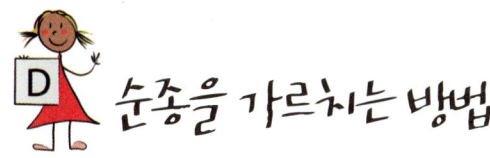 순종을 가르치는 방법

1. 순종의 (   )와 원리에 대해서 가르친다.

2. (   )들의 눈높이를 맞춘다.

3. (   )을 보이며 함께한다.

4. 순종과 불순종을 분명히 나눠서 (   )한다.

5. 신앙도 (   )시킨다.

하나님께 하는 순종 역시 마찬가지였습니다.

순종이라는 성품을 통해서 변화되고 성공하는 자녀들을 바라보며 인격과 인성이 결국 미래를 책임지는 것이라는 걸 깨닫고, 순종을 더욱 중요하게 여겨야 하고 가르쳐야 합니다.

"젊은 자들아 이와 같이 … 순종하고 다 서로 겸손으로 허리를 동이라

함께 나누기

하나님은 교만한 자를 대적하시되 겸손한 자들에게는 은혜를 주시느니라"(베드로전서 5:5)

다음의 질문을 함께 나눠 보십시오.

❶ 순종이 항상 옳은 것일까요?
❷ 잘못된 순종에는 어떤 것이 있을까요?
❸ 순종을 효과적으로 교육시키는 방법은 무엇일까요?
❹ 나는 순종을 잘 하는 편인가요?
❺ 자녀들의 삶에서 순종의 모습이 충분한가요?

 아래에 이과를 마치면서 받은 은혜나 감사, 결심, 또는 주님께 드리는 기도문을 적으십시오.

먼저 부모된 입장에서 가지고 있는 좋은 습관과 나쁜 습관을 스스로 생각해 보고 지금 우리 자녀에게 가장 필요한 습관과 고쳐야 할 버릇이 무엇인지 살펴보십시오. 그리고 부모와 자녀가 함께 고쳐나갈 습관은 없는지 생각해보고 자녀와 대화를 나누십시오.

습관지수 체크리스트

아래 질문에 「매우 그렇다」면 (   )안에 10을, 「매우 그렇지 않다」면 0을 표시하되, 그 사이는 본인이 적당한 점수를 쓰십시오.

01	의도적으로 유지하고 있는 습관이 있다.	
02	의도적으로 없앤 버릇이 있다.	
03	고쳐야할 습관이 무엇인지 정확히 인지하고 있다.	
04	습관이 내 삶의 큰 영향을 준다고 생각한다.	
05	습관을 효율적으로 관리하고 기록하고 있다.	
06	습관은 의지력만으로 되는 것이 아님을 알고 있다.	
07	사람들에게 지적을 받을만한 버릇이 거의 없다.	
08	경건 생활을 위한 습관이 중요하다고 생각한다.	
09	지속적인 경건 생활을 유지하고 있다.	
10	좋은 습관의 본을 주위 사람, 자녀들에게 끼치고 있다.	
※ 위에 기록한 점수를 합산하십시오. 그 점수가 습관지수(%)일 수 있으나, 정확한 것은 아니니 참고만 해 주십시오.		

우리는 일반적으로 어떤 습관을 만들 때 큰 (   )를 잡고 소위 말하는 '정신력'으로 극복해야 한다고 생각합니다. 그러나 사람의 의지는 생각보다 강하지 않기에 이런 '정신력'만으로는 대부분 습관을 만들기 전에 포기하게 됩니다. 하지만 아무리 (   )한 도전이라도 먼저 습관으로 형성되면 그 습관을 가지고 성장시키는 것은 아주 쉬운 일이 됩니다. 그래서 부모가 사소한 것이라도 먼저 좋은 습관을 자녀에게 만들어주는 것이 반드시 필요하며, 한 번 그렇게 만들어주면 자녀들은 알아서 그 습관을 통해 성장해 나가게 됩니다.

좋은 습관은 성품과 (   )에도 연관되어 있습니다. 요즘 엄마들은 습관하면 공부와 성공에 관련된 것들만 생각을 하는데, 이런 좁은 생각으로는 정말로 (   )를 위한 습관이 무엇인지 깨달을 수 없습니다. 성적을 넘어서는 넓은 영역의 좋은 습관에 대해서 생각하고 있어야 우리 자녀들을 위한 좋은 습관이 무엇인지, 어떤 부분에 좋은 습관을 함께 만들어가야 하는지 알 수 있습니다.

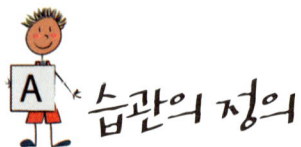

습관의 정의

윌리엄 제임스는 습관은 바꾸는 것만으로도 인생을 바꿀 수 있다고 말했고, 도스토예프스키는 습관을 통해서 어떤 일이든지 이룰 수 있다고 말했습니다.

습관은 여러 번 (   )을 통해 저절로 익히고 굳어진 (   )이라는 뜻입니다. 이 습관에는 학습을 통해 익혀진 좋은 습관도 포함되며, 의

식하지 못하는 사이에 저절로 들어버린 나쁜 습관인 버릇도 포함됩니다.

영어로 습관을 나타내는 'Habit'이라는 단어는 '이미 가지고 있는 것'이라는 뜻의 어원에서 나왔습니다. 좋은 습관이든 나쁜 습관이든 이미 내가 가지고 있는 것이기 때문에 좋은 습관을 내 것으로 만드는 것도 어렵고 이미 가지고 있는 나쁜 습관을 고치는 것도 어렵습니다.

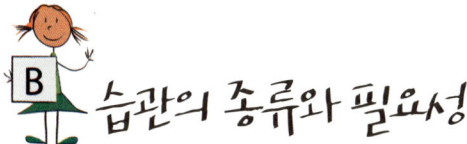
습관의 종류와 필요성

프랑스의 수학자 파스칼은 한 가지 나쁜 습관은 열 가지 나쁜 습관을 만들어내지만 반대로 (　　)가지 나쁜 습관만 고치면 나머지 (　　)가지 습관도 알아서 고쳐진다고 말했습니다.

부모들이 실질적으로 자녀들의 습관을 체크하고 점검하기 위해서는 먼저 다음의 **습관의 종류**를 알아야 합니다.

1. 좋은 (　　)을 미치는 습관

2. 나쁜 (　　)을 미치는 버릇

3. 컨디션을 위해 (　　)하는 습관

4. (   )을 들이기 위한 습관

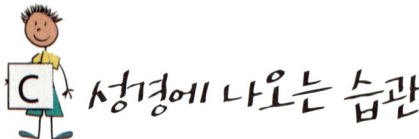
성경에 나오는 습관

성경의 위대한 인물들에게는 모두 좋은 습관이 있었습니다. 특히나 성경이 자주 언급하고 있는 것은 기도에 대한 습관입니다.

1. 사무엘

2. 다윗

3. 예수님

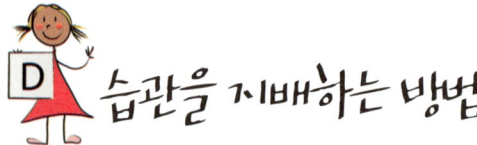
습관을 지배하는 방법

많은 사람들이 습관을 없애고 만드는 것을 의지와 동기의 문제로 생각합니다. 그러나 습관에 대한 많은 연구를 살펴보면 습관을 만들고 없애는 것은 개인의 의지보다는 효율과 방법의 문제입니다.

1. (   ) 것부터 시작한다.

2. (   )을 없애지 말고 습관을 만들어라.

3. 최소 (   )주는 기다린다.

4. 체크리스트와 (   )를 적는다.

5. 작은 보상을 (   ) 준비한다.

부모가 먼저 하나님의 영향을 받아야 자녀들도 그대로 좋은 영향력을 받고 변화됩니다. 자녀들에게 주님의 교훈을 전하고 가르치는 것이 비전을 가르치고 좋은 습관을 들이게 하는 것임을 명심해야 합니다.

"모이기를 폐하는 어떤 사람들의 습관과 같이 하지 말고 오직 권하여 그 날이 가까움을 볼수록 더욱 그리하자"(히브리서 10:25)

함께 나누기

다음의 질문을 함께 나눠 보십시오.

❶ 지금 내가 고쳐야 할 나쁜 습관은 무엇입니까?

❷ 지금 내가 유지하고 있는 좋은 습관은 무엇입니까?

❸ 지금 고쳐줘야 할 자녀의 나쁜 습관은 무엇입니까?

❹ 지금 유지하고 있는 자녀의 좋은 습관은 무엇입니까?

❺ 자녀가 생각하는 좋은 습관과 내가 생각하는 좋은 습관의 차이는 무엇입니까?

 아래에 이과를 마치면서 받은 은혜나 감사, 결심, 또는 주님께 드리는 기도문을 적으십시오.

　우리의 자녀들을 어떻게 바로 세워 자신의 미래를 당당히 준비하고 흔들림 없는 가치관의 사람으로 만들까하는 것은 너무도 중요한 부모님들의 숙제가 되었지만 말씀에 그 답이 있고, 부모들은 그 답을 줄 수 있습니다.

　비전이 분명한 자녀들은 사춘기가 와도 혼란스러워하지 않습니다. 다니엘과 세 친구처럼 "그리 아니하실지라도"의 믿음이 있기 때문에 아무리 거세고 모진 풍파가 온다 하더라도 흔들리지 않습니다.

비전지수 체크리스트

아래 질문에 「매우 그렇다」면 ( )안에 10을, 「매우 그렇지 않다」면 0을 표시하되, 그 사이는 본인이 적당한 점수를 쓰십시오.

01	나는 인생의 구체적인 목표가 있다.	
02	남을 위한 목표가 있다.	
03	하나님을 위한 목표가 있다.	
04	목표와 비전의 차이점을 알고 있다.	
05	목표를 실천할 구체적인 계획이 있다.	
06	인생의 목표로 삼고 있는 말씀이 있다.	
07	복음과 전도를 위한 목표가 있다.	
08	세상적인 성공보다 하고 싶은 일을 해야 한다고 생각한다.	
09	자녀가 성공을 쫓기보다 하고 싶은 일을 해야 한다고 생각한다.	
10	그리스도인의 인생은 세상 사람과 달라야 한다고 생각한다.	
※ 위에 기록한 점수를 합산하십시오. 그 점수가 비전지수(%)일 수 있으나, 정확한 것은 아니니 참고만 해 주십시오.		

최근 국내의 청소년 약 5천명을 대상으로 조사한 결과 (   )%가 미래에 대한 꿈이 없고, (   )%가 하루에 3시간 이상 컴퓨터 게임이나 인터넷 채팅 등을 한다고 대답했다고 합니다.

이 모습을 보는 부모들은 당연히 마음이 답답할 수밖에 없고, 그래서 수많은 부모와 선생님들이 그렇게 자녀들을 향해 "꿈을 가지라"고 거의 강요를 하고 있으나 오히려 소통이 되지 않아 세대 간의 마찰만 일으키고 있습니다.

꿈과 (   )은 절대로 그것도 강제로 주입해서 생길 수 있는 것이 아닙니다.

비전보다도 중요한 것은 자녀의 (   )과 신앙이 바로 서고 훌륭한 인격을 가질 수 있도록 도와주는 것인데 그러면 자기 안에 하나님이 심어주신 비전이 스스로 피어납니다. 한 마디로 부모가 해줘야 하는 것은 꿈을 가지라고 강요하거나 어떤 꿈을 제시하는 것이 아니라 꿈이 바르게 꽃피울 만한 신앙과 (   )의 밭으로 아이의 인생을 일구어주는 것입니다. 그래서 이번 장은 비전이 주제이지만 또한 자녀가 비전을 가질 수 있도록 성품과 신앙을 바로 세울 수 있는 부모가 되는 것이 숨어있는 진짜 주제입니다.

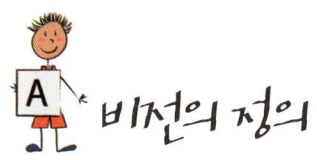
비전의 정의

「비전」의 뜻은 본래 '장래의 상황'이라는 단순한 뜻입니다. 사전을 보면 우리가 아는 일반적인 비전의 거창한 뜻 대신 '미래에 대한 구상, 상상도' 정도로만 나와 있지 일반적으로 사람들이 생각하는 만큼의 거창한 뜻은 나와 있지 않습니다. 그러나 현재 「비전」은 영어단어의 본래의 뜻과는 달리 '꿈'이나 '사명'과 비슷한 뜻에 조금 더 원대한 영역을 포함하는 의미로 사용이 되고 있습니다.

그러나 여기서 한 가지 중요한 것은 성경이 말하는 비전과 우리 엄마, 아빠들이 자녀들에게 가르쳐야 할 비전은 세상이 말하는 일반적인 비전과는 분명히 다르다는 점입니다.

한 마디로 세상에서 어떻게 빛과 (   )으로 쓰임 받을 것인가가 크리스천들이 가져야할 비전의 문제이며 부모들이 자녀에게 가르칠 올바른 (   )입니다.

비전의 종류와 필요한 이유

비전이 있는 사람의 인생에는 다음의 다섯 가지 유익이 있습니다.

1. 하나님이 주신 (   )을 무엇을 하며 살아야 하는지 알게 된다.
2. 설정한 삶의 방향에 따른 (   )가 뒤따른다.
3. 시간을 투자하고 노력을 할 수 있는 (   )가 생긴다.
4. 현재를 중요하게 여기며 (   )를 계획한다.

5. 영속적인 가치를 위한 일을 하고 있다는 (　　)이 있다.

'비전으로 가슴을 뛰게 하라'의 저자인 켄 블렌차드는 "비전은 내가 누구이며, 어디로 가고 있으며, 무엇이 그 여정을 인도할지 아는 것이다"라고 말했습니다.

사람들이 생각하는 비전의 종류에는 크게 다음의 3가지가 있습니다.

1) 단기적인 계획이나 목표

2) 개인적인 바람과 꿈인 비전

3) 하나님의 의도와 계획에 부합하는 비전

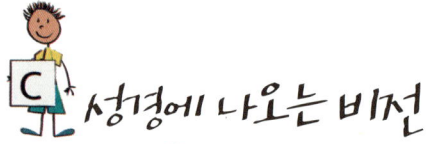
성경에 나오는 비전

성경에는 창세기부터 계시록까지 수많은 비전의 이야기가 나옵니다.

1. 아브라함

2. 요셉

3. 모세

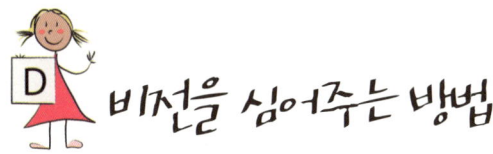

비전을 심어주는 방법

1. 간접적인 (   )을 하게 한다.

2. 대화와 (   )으로 접근한다.

3. 든든한 조력자이자 (   ) 가 된다.

"아비들아 너희 자녀를 노엽게 하지 말지니 낙심할까 함이라"(골로새서 3:21)

함께 나누기

다음의 질문을 함께 나눠 보십시오.

❶ 나의 어린 시절의 비전은 무엇이었습니까?

❷ 그 비전이 지금은 어떻게 변했습니까?

❸ 내 자녀의 비전은 무엇인지 알고 있습니까?

❹ 그 비전을 어떻게 생각하고 있습니까?

❺ 자녀의 비전을 위해 어떻게 돕는 것이 현명한 방법일까요?

 아래에 이과를 마치면서 받은 은혜나 감사, 결심, 또는 주님께 드리는 기도문을 적으십시오.

동행

자녀들이 하나님과 동행하는 데에 가장 중요한 것은 부모의 신앙이며 또한 어머니의 기도와 노력입니다.

내가 체험한 하나님에 대해서 먼저 생각해보고 자녀에게 그동안 신앙의 중요성과 하나님을 우선순위로 놓는 일에 대해서 어떻게 교육하고 있었는지 서로 이야기해 보고 부족한 점을 메꿀 방법을 찾아보십시오.

동행지수 체크리스트

아래 질문에 「매우 그렇다」면 (   )안에 10을, 「매우 그렇지 않다」면 0을 표시하되, 그 사이는 본인이 적당한 점수를 쓰십시오.

01	1주일에 한 번 이상 가정예배를 드린다.	
02	주일에는 온 가족이 함께 예배 드리는 일을 가장 우선시한다.	
03	개인적으로 큐티를 나누는 구성원이 있다.	
04	자주 온가족이 함께 예배를 드린다.	
05	가족들의 기도제목을 알고 서로 기도한다.	
06	하나님을 분명히 체험했다는 확신이 있다.	
07	하루에 한 번 이상 성경을 읽고 묵상한다.	
08	교회에서 봉사하고 있는 일이 한 가지 이상 있다.	
09	가정에서 하나님의 원리를 세우는 일을 중요하게 여긴다.	
10	살아 가는데 필요한 하나님의 말씀을 암송한다.	
※ 위에 기록한 점수를 합산하십시오. 그 점수가 동행지수(%)일 수 있으나, 정확한 것은 아니니 참고만 해 주십시오.		

하나님을 만나는 사람은 반드시 변하게 됩니다.

그 어떤 흉악한 죄인도 변화되고, 아무런 소망도, 빛도 없던 사람이 세상의 그 누구보다도 찬란한 희망을 품고 다시 일어서게 됩니다.

자녀들이 정말로 변화되는 모습을 보고 싶다면, 그리고 평생에 걸쳐 흔들리지 않고 하나님이 주신 목표를 향해 올곧게 살아가게 하고 싶다면 하나님을 믿고, 하나님과 (   )해야 합니다.

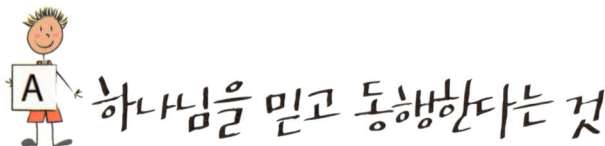
하나님을 믿고 동행한다는 것

하나님은 우리의 인생, 우리 자녀의 인생을 통해 늘 (   )하는 삶을 원하십니다. 평범한 일상일지라도 하나님과 늘 동행하는 삶을 하나님은 가장 기뻐하십니다. 그래서 성경에 나오는 (   )은 별 다른 실적이 없음에도 하나님을 기쁘시게 했고, 죽지 않고 하늘로 들려갔습니다.

"믿음으로 에녹은 죽음을 보지 않고 옮겨졌으니 하나님이 그를 옮기심으로 다시 보이지 아니하였느니라 그는 옮겨지기 전에 하나님을 기쁘시게 하는 자라 하는 증거를 받았느니라"(히브리서 11:5)

〈자녀를 위한 기도〉

"모세 같은 리더십을 가진 지도자가,
 요셉처럼 꿈을 가진 비전의 사람이,
 다윗처럼 세상에 영향력을 주고 사람들을 변화시키는 사람이,

다니엘처럼 어디 가서도 인정받는 사람이
바울처럼 복음을 전하는 영적인 사람이
디모데처럼 성경을 많이 알고 겸손한,
사무엘처럼 영적인 거장이 되게 해주소서."

-정삼숙 지음

하나님과 동행한다는 것은 결국 하나님과 우리 자녀가 (　　) 관계에서부터 출발합니다.

 하나님과 동행해야 하는 이유

자녀에게 확실한 미래를 보장받게 해주고 싶다면 하나님을 온전히 만나게 해줘야 합니다. 그리고 하나님과 동행하는 것보다 그 어떤 것도 (　　)이 될 수는 없습니다. 당장의 스펙을 쌓기 위해 노력을 하는 것 이상으로 자녀들의 (　　)적인 상태에 관심을 가져야 하며, 자녀들이 하나님과 동행할 수 있도록 이끌어주고 환경을 조성해주어야 합니다.

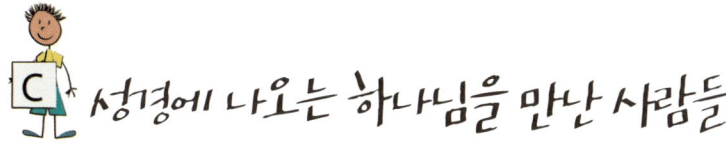 성경에 나오는 하나님을 만난 사람들

"100명의 그리스도인이 있으면 100개의 간증이 있다"는 말처럼 성경에는 하나님을 만난 각양각색의 사람들이 나옵니다.

1. 사무엘

2. 바울

3. 히스기야 왕

4. 에티오피아의 내시

D 하나님과 동행하는 방법

하나님을 동행하는 방법에 정답은 없습니다. 그러나 너무나 중요한 일입니다. 그렇기에 구체적인 목표를 세우고 될 수 있는 한 하나님과의 많은 접점을 자녀의 삶 속에 이어주도록 성경말씀을 토대로 자녀들을 이끌어 주어야 합니다.

1. (   )을 제대로 알려주자

2. 가정의 분위기를 (　　) 으로 만들라

2-1) (　　) 분위기 만들기

2-2) 말과 (　　)을 조심하기

2-3) 신앙 성장을 위한 (　　) 프로그램 만들기

2-4) 먼저 (　　) 보이기

3. (　　) 하나님께 의지하게 하기

인생에서 어떤 어려운 일을 만나던지 먼저 하나님께 기도하게 하고, 하나님만 바라보게 하고, 하나님이 분명히 지켜주신다는 사실을 자녀들에게 가르쳐주십시오. 이것이 하나님과 동행하는 삶입니다.

"이것이 노아의 족보니라 노아는 의인이요 당대에 완전한 자라 그는 하나님과 동행하였으며"(창세기 6:9)

함께 나누기

다음의 질문을 함께 나눠 보십시오.

❶ 어떻게 아이들이 하나님과 동행할 수 있을까요?

❷ 부모가 어디까지 도울 수 있을까요?

❸ 자녀들이 나의 모습에서 살아계신 하나님을 체험할 수 있을까요?

❹ 우리 가정이 하나님의 말씀 안에 바로 서 있나요?

❺ 가정의 영적 분위기를 만들기 위해 어떤 일을 해야 할까요?

 아래에 이과를 마치면서 받은 은혜나 감사, 결심, 또는 주님께 드리는 기도문을 적으십시오.

낙심

낙심에 빠지면 두려움이 지배합니다. 이런 두려움을 가지고는 자녀를 올바로 양육할 수 없고, 낙심에 빠진 자녀를 일으켜 세워줄 수도 없습니다. 물론 양육에 있어서 엄마로서의 한계를 느끼는 순간들이 너무도 많습니다. 자녀의 입장에서도 마찬가지일 것입니다. 그런 상황일지라도 낙심에 빠져서 안 되는 것은 낙심을 극복하는 것은 앞으로도 수 없이 찾아올 인생의 장애물들을 멋지게 넘어서고 정상에 오르는 일이기 때문입니다.

낙심지수 체크리스트

아래 질문에「매우 그렇다」면 ( )안에 10을,「매우 그렇지 않다」면 0을 표시하되, 그 사이는 본인이 적당한 점수를 쓰십시오.

01	한 번 포기한 일은 다시 도전하지 않는다.	
02	뚜렷한 취미나 특기가 없다.	
03	흥미가 있어도 두려움 때문에 시도 안한 일이 있다.	
04	과거의 실수로 오랜 시간 괴로워하는 편이다.	
05	가끔씩 쓸데없는 걱정으로 오랜 시간을 보낸다.	
06	나의 미래에 대해서 걱정 할 때가 많다.	
07	다른 사람의 말에 큰 영향을 받는다.	
08	다른 사람의 위로를 받아도 힘이 나거나 고맙지 않다.	
09	몸과 마음이 무기력할 때가 많다.	
10	인생의 계획이나 목표를 세우는 일이 두렵다.	
※ 위에 기록한 점수를 합산하십시오. 그 점수가 낙심지수(%)일 수 있으나, 정확한 것은 아니니 참고만 해 주십시오.		

낙심(낙담)은 사람을 넘어뜨리고 쓰러트립니다. 어떤 낙담은 너무 강력해 도저히 스스로 극복할 수 없다고 느껴지기도 합니다. 그러나 그럼에도 불구하고 낙담에서 일어나려고 노력할 때 새로운 (　　)이 보이고, 성장하고, 다른 사람들에게 감동과 메시지를 주는 삶이 됩니다.

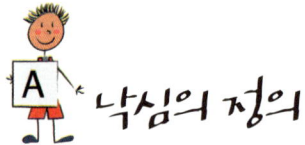
낙심의 정의

낙심의 영어단어인 'Despair'도 '희망으로부터 떨어지다'라는 어원의 합성어로 생겨났습니다.

「낙심」은 '(　　)으로부터 떨어져 있다'고 생각될 때 오게 됩니다. 그러나 그런 상황에서 가만히 견디고 있다고, 또 머물러 있다고 낙심은 저절로 (　　)되지 않습니다. 낙심의 상태는 견디고 모른 척하는 상태가 아니라 싸워서 이겨내야 할 상태입니다.

낙심의 유형과 원인

다음의 질문을 통해 지금 어떤 상태에 있는지 확인해 보십시오.

1. 분명 열심히 사는 것 같은데 (　　)과 기쁨이 없다.
2. 노력의 대가가 적다는 생각이 들고, (　　)감이 생긴다.
3. 어떤 일을 할 때 안 되는 (　　)가 먼저 떠오른다.
4. (　　)이 떨어져 해야 할 일을 할 수가 없다.

5. 때때로 사람들을 피해 (   ) 숨고 싶다.

지금 내가, 혹은 우리 자녀가 빠져있는 낙심의 유형과 원인이 무엇인지 다음의 항목을 통해 먼저 파악해보십시오.

1. 육체적, (   ) 피로

2. 뜻밖의 (   )

3. (   )

4. 자기중심적인 (   )

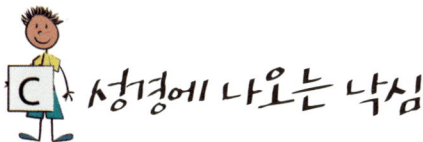
성경에 나오는 낙심

성경을 보면 놀라운 기적을 행한 많은 믿음의 위인들도 종종 낙심을 했다는 것을 알 수 있습니다.

1. 엘리야

2. 이스라엘 군대

3. 느헤미야 시대의 이스라엘 백성들

낙심을 극복하는 방법

낙심의 정의와 원인을 살펴보면 낙심은 아무리 위대한 사람도 낙심할 수 있고, 또 어찌 보면 자연스러운 현상이라는 것을 알게 됩니다. 다윗은 스스로의 연약함을 고백하며 하나님께 도움을 구했습니다.

• 시편 42:5

낙심은 인생의 성장통과 같습니다. 낙심은 매우 삶을 괴롭게 하고 피할 수도 없는 것이지만 잘 극복하면 자신감이 생기고, 인생의 더 큰 그림을 그릴 수 있게 되고, 반복되는 실수가 사라지며, 개인과 속한 집단의 분위기가 밝아집니다.

낙심을 이겨내는데 도움이 되는 방법은 다음과 같습니다.

1. (   )을 취하라

2. 부정적인 (   )를 피하라

3. (   )에게나 찾아오는 것임을 알라

4. 하나님의 (   )이 있음을 기억하라

　욕심을 비우고 낙심가운데 최선을 다하면 내가 안 해도 하나님이 알아서 채워주십니다. 그게 하나님의 원리이며 낙심 가운데서도 희망을 잃지 않을 수 있는 방법입니다.

"우리가 선을 행하되 낙심하지 말지니 포기하지 아니하면 때가 이르매 거두리라"(갈라디아서 6:9)

함께 나누기

다음의 질문을 함께 나눠 보십시오.

❶ 인생에서 가장 크게 낙심했던 적은 언제입니까?

❷ 자녀의 낙심을 지켜봤을 때 어떤 느낌이었습니까?

❸ 내가 낙심을 대하는 태도는 어떻습니까?

❹ 자녀가 낙심을 대하는 태도는 어떻습니까?

❺ 낙심을 극복하는 효과적인 방법은 무엇입니까?

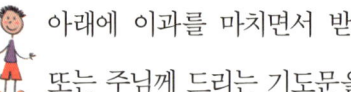 아래에 이과를 마치면서 받은 은혜나 감사, 결심, 또는 주님께 드리는 기도문을 적으십시오.

가정❶ 자녀를 위한 무릎기도문
가정❷ 가족을 위한 무릎기도문
가정❸ 남편을 위한 무릎기도문
가정❹ 아내를 위한 무릎기도문
가정❺ 태아를 위한 무릎기도문
가정❻ 아가를 위한 무릎기도문
가정❼ 재난재해안전 무릎기도문(부모용)
가정❽ 재난재해안전 무릎기도문(자녀용)
가정❾ 십대의 무릎기도문(십대용)
가정❿ 십대자녀를 위한 무릎기도문(부모용)

교회❶ 태신자를 위한 무릎기도문
교회❷ 새신자 무릎기도문
교회❸ 교회학교 교사 무릎기도문

365❶ 우리 부모님을 지켜 주옵소서(365일용)
365❷ 번성하게 하고 번성하게 하소서(365일용)
365❸ 자녀축복 안수 기도문(365일용)

기도❶ 선포(명령) 기도문

중·고·대·대학원 수석/장학생으로 키운 엄마의 간증!

미국의 예일, 줄리어드, 노스웨스턴, 이스트만, 브룩힐, 한예종, 예원중에서 수석도 하고 장학금과 지원금으로 그동안 10억여 원을 받으며 공부하는 두 아이지만, 그녀는 성품교육을 더 중요시했습니다.

두 자녀를 잘키운 삼숙씨의 이야기
정삼숙 사모 지음 / 값10,000원

엄마, 아빠! 저좀 잘 키워주세요
「믿음의 명문 가정 세우기」 - 워크 북

지은이	정삼숙
발행인	김용호
발행처	나침반출판사

제1판 발행 | 2016년 4월 1일

등 록	1980년 3월 18일 / 제 2-32호
주 소	157-861 서울 강서구 염창동 240-21 블루나인 비즈니스센터 B동 1607호
전 화	본사 (02) 2279-6321 / 영업부 (031) 932-3205
팩 스	본사 (02) 2275-6003 / 영업부 (031) 932-3207
홈 피	www.nabook.net
이 메 일	nabook@korea.com / nabook@nabook.net

ISBN 978-89-318-1510-8
책번호 바-1044

값은 뒷표지에 있습니다.

정삼숙 사모의 「믿음의 명문 가정 세우기」와 「성경적 성품 체험 양육법」

성경적 영적 성품 12가지 심기!
①소통 ②갈등 ③관계 ④기도 ⑤상처 ⑥분노 ⑦용서 ⑧순종 ⑨습관 ⑩비전 ⑪동행 ⑫낙심을 자녀에게 신앙 유산으로 남겨주십시오.

CBS-TV
「새롭게하소서」
저자 간증 QR

엄마, 아빠! 저좀 잘 키워주세요
정삼숙 사모 지음 / 값13,000원